AF607273

Todos los libros de Linkgua Ediciones cuentan con modelos de Inteligencia Artificial entrenados por hispanistas. Pregúntale al chat de tu libro lo que desees acerca de la obra o su autor/a.

Para ebooks: Accede a nuestro modelo de IA a través de un enlace.

Para libros impresos: Escanea el código QR de la portada con tu dispositivo móvil.

Obtén análisis detallados de nuestros libros, resúmenes, respuestas a tus preguntas y accede a nuestras ediciones críticas generativas para una experiencia de lectura más enriquecedora.
La transparencia y el respeto hacia la autoría de las fuentes utilizadas son distintivos básicos de nuestro proyecto. Por ello, las respuestas ofrecen, mediante un sistema de citas, las fuentes con las que han sido elaboradas.

Félix Lope de Vega y Carpio

El vellocino de oro

Barcelona 2025
Linkgua-ediciones.com

Créditos

Título original: El vellocino de oro.

© 2025, Red ediciones S.L.

e-mail: info@red-ediciones.com

Diseño de cubierta: Michel Mallard.

ISBN rústica ilustrada: 978-84-9953-788-7.
ISBN tapa dura: 978-84-1126-078-7.
ISBN ebook: 978-84-9897-711-0.

Cualquier forma de reproducción, distribución, comunicación pública o transformación de esta obra solo puede ser realizada con la autorización de sus titulares, salvo excepción prevista por la ley. Diríjase a CEDRO (Centro Español de Derechos Reprográficos, www.cedro.org) si necesita fotocopiar, escanear o hacer copias digitales de algún fragmento de esta obra.

Sumario

Brevísima presentación

La vida

Félix Lope de Vega y Carpio (Madrid, 1562-Madrid, 1635). España.

Nació en una familia modesta, estudió con los jesuitas y no terminó la universidad en Alcalá de Henares, parece que por asuntos amorosos. Tras su ruptura con Elena Osorio (Filis en sus poemas), su gran amor de juventud, Lope escribió libelos contra la familia de ésta. Por ello fue procesado y desterrado en 1588, año en que se casó con Isabel de Urbina (Belisa).

Pasó los dos primeros años en Valencia, y luego en Alba de Tormes, al servicio del duque de Alba. En 1594, tras fallecer su esposa y su hija, fue perdonado y volvió a Madrid. Allí tuvo una relación amorosa con una actriz, Micaela Luján (Camila Lucinda) con la que tuvo mucha descendencia, hecho que no impidió su segundo matrimonio, con Juana Guardo, del que nacieron dos hijos.

Entonces era uno de los autores más populares y aclamados de la Corte. En 1605 entró al servicio del duque de Sessa como secretario, aunque también actuó como intermediario amoroso de éste. La desgracia marcó sus últimos años: Marta de Nevares una de sus últimas amantes quedó ciega en 1625, perdió la razón y murió en 1632. También murió su hijo Lope Félix. La soledad, el sufrimiento, la enfermedad, o los problemas económicos no le impidieron escribir.

Esta es una de las pocas comedias de ambiente mitológico escritas por Lope de Vega. Relata las peripecias de los viajeros griegos en busca del vellocino de oro.

El vellocino de oro

Personajes

Doriclea
El rey de Colcos
Fenisa
Fineo
Friso
Helenia
Jasón
Marte
Medea
Ninfas y música
Soldados
Teseo

El vellocino de oro

(Tocando un clarín primero, salga una dama a caballo en el Pegaso, que ha de traer unas alas a los lados, y ella un tocado de plumas altas, y un manto de velo de plata, bordado de ojos y lenguas, preso en los hombros.)

  Yo llego a buena ocasión,
si no me engaña el deseo;
los mismos que dijo son
hoy en su templo Febeo,
el gran padre de Faetón.
  Aquí dijo que hallaría,
en las siestas de este día,
el Sol y Luna de España:
¡qué gloria los campos baña!
¡Qué resplandor! ¡Qué alegría!
  Diome el caballo Pegaso,
de varias plumas vestido,
que estampa en el aire el paso,
cuyas alas me han traído
de las cumbres del Parnaso.
  Puesto que la tierra y cielo
puedo penetrar de un vuelo,
porque toda plumas soy,
ciega de mirar estoy
tantos cielos en el suelo.
  Con haberme fabricado
¡oh, tú que el cielo gobiernas,
alto Júpiter sagrado!
Toda de lenguas eternas,
aquí todas me han faltado.

Pues para ver sin enojos
tan soberanos despojos,
pocas las estrellas son
del esmaltado pavón
a quien Argos dio los ojos.
Ya mi propósito muda
el resplandor de su llama:
de hablar he quedado en duda;
¿quién dijera que la Fama
jamás estuviera muda?
Pero podré disculparme,
aunque el callar es mudarme
en otra naturaleza;
que solo vuestra grandeza
pudo a silencio obligarme.
Yo vi a Alejandro, y hablé
de Alejandro, aunque señor
de toda la tierra fue,
y a César, cuyo valor
sobre Roma puso el pie.
Pero aunque tantas parecen
mis lenguas, hoy enmudecen
viendo con tanto valor
un Alejandro mayor,
pues dos mundos le obedecen.
Yo vi reinas, cuya historia
osé escribir, y dejar
para siempre a la memoria;
y aquí me viene a faltar
pluma para tanta gloria.
Pero ¡qué desconfianza
hace de quien soy, mudanza!
Hablar quiero; que pues soy

la Fama, obligada estoy
a vuestra eterna alabanza.

(Sale por otra parte, tocándose chirimías, otra dama a caballo, con un tocado de palmas de oro enlazadas, y un manto de plata en los hombros, bordado de palmas.)

Dama II El sitio lo manifiesta:
él es, que a la vista ofrece
tan esmaltada floresta:
no he tardado, pues parece
que dan principio a la fiesta.
Todo lo alcanza el deseo;
retratos del cielo veo
con tan altas majestades,
que pienso que en sus deidades
la turbada vista empleo.
Y como su perfección
apenas la diferencio,
y de igual belleza son,
la lengua han puesto en silencio,
la vista en admiración.
Luego que el sonoro fin
del animado clarín
de la Fama hirió mi oído,
vine a este jardín, que ha sido
ya cielo, que no jardín.
Lejos de las señas voy:
errar el sitio podía,
¡oh, qué venturosa soy!
pues a este jardín venía.
y dentro del cielo estoy.
Presumo, deidades bellas,

que estoy en él, pues por ellas
es fácil de conocer
que tierra no puede ser
donde hay Sol, Luna y estrellas.
  Aquí se turbara Apeles
viendo sus luces mayores,
y dejara los pinceles,
aunque le dieran colores
los jazmines y claveles.
  Aquí Virgilio dejara
la pluma, en el mundo rara,
pues para miraros solo,
todos sus rayos Apolo
en medio del cielo para.
  No es alabaros mi intento;
que si tanta perfección
fiara a mi entendimiento,
cayera, como Faetón,
al mar de mi atrevimiento.
  Por eso, claras estrellas,
angélicas luces bellas,
daré al silencio mis faltas;
que ofende las cosas altas
quien no sabe encarecellas.
  Quisiera tener lugar
desde donde ver pudiera
la fiesta; quiero mirar
el sitio. ¿Quién me pudiera
mejor de todo informar,
  que aquella dama que llama
a su vista mi deseo?
¿Quién sois, generosa dama?
Aunque las señas que veo

me dicen que sois la Fama.

Dama I La Fama soy.

Dama II Este día
llevaréis bien qué contar.

Dama I Lo que no acierto a mirar,
acertar después querría
a encarecer y pintar.
Vos, ¿quién sois?

Envidia La Envidia soy.

Dama I ¿La Envidia? Pues ¿tan gallarda?
No la pintaron ansí
tantas edades pasadas:
poetas e historiadores.
de manera la retratan,
que no hay furia, no hay arpía
con quien tenga semejanza;
vos disfrazada venís.

Dama II El nombre, Fama, os engaña;
que yo no soy esa Envidia
que las historias infaman.
Soy aquella Envidia noble,
que es virtud heroica y santa;
no la que es vicio, que aquí,
como hay tanto Sol, no entrara.
¿No veis lleno mi vestido
de laureles y de palmas?
Pues por envidia las tengo

en las letras y en las armas.
Lloró Alejandro de envidia
que su padre no dejaba
más tierra que conquistase,
que fue de excederle causa.
Con envidia de Platón
estudió cosas tan raras
Aristóteles, que pudo
merecer más nombre y fama.
Aquesta Envidia soy yo;
porque si yo no animara
los ingenios de los hombres,
las plumas y las espadas,
ni hubiera libros famosos
de tantas ciencias, ni hallaras,
Fama, a quién dar tus laureles.

Dama I

Altamente desengañas
la que tu nombre promete;
pero ¿a qué vienes, qué aguardas
de esta fiesta?

Dama II

Quien la emprende,
a que pretenda me llama,
con envidia de otra fiesta,
puesto que ninguna basta
animar a lo imposible
las fuerzas de su esperanza.
Yo le dije que advirtiese
que era la empresa tan alta,
que a la misma Envidia noble,
con ser tan noble, desmaya,
y que habiendo precedido

tan rara invención, que basta
a ocupar eternamente
fama por naciones varias,
todo el bronce de tus lenguas,
todo el vuelo de tus alas,
no hallaba camino alguno,
porque la desconfianza
es ya mayor que la Envidia.

Dama I — ¿Tú, por quien tantas hazañas
se han hecho en el mundo, dices
ahora tales palabras?
¿Qué invención pretende hacer?

Dama II — Aquella historia que canta
Ovidio, de donde tuvo
principio el Tusón de España.

Dama I — ¿Es la de Frixo y Helenia?

Dama II — Esos trujeron al Asia
el vellocino de oro,
a quien Marte puso en guarda,
con dos toros, un dragón,
por cuya empresa las aguas
vieron la primera nave
abrir sus campos de plata.

Dama I — ¿Quién le conquistó?

Dama II — Jasón,
dando favor a sus armas

los encantos de Medea.

Dama I ¿Quién viene?

Dama II Volando baja.

(Venga por lo alto, en una invención, la Poesía, vestida de dama, con un laurel en las manos y en la cabeza.)

Poesía
Envidia noble, prosigue:
no tengas temor, que ya
la Fama oyéndole está,
y tus pensamientos sigue:
aunque la desconfianza
buenos sucesos prometa,
siempre fue cosa discreta
desconfiar con templanza.

Dama II
Tu opinión quiero seguir:
¿quién eres?

Poesía
Soy la Poesía,
que a los Reyes este día
vengo a alabar y servir.

Dama II
Vienes a buena ocasión;
diles lo que yo no puedo.

Poesía
A mi pluma tengo miedo:
tan altas deidades son;
pero llamaré a mi hermana.

Dama II ¿Quién?

Poesía La Música.

Dama II Pues di
que los alabe por ti,
y que lo escriba la Fama.

(Váyanse la Envidia y la Fama. y diga la Poesía:)

Poesía ¿Oyes Música?

(Responda una voz de adentro cantando.)

Música ¿Quién es?

Poesía Tu hermana: soy la Poesía.

Música ¿Qué quieres?

Poesía Loar querría
las dos estrellas que ves.

Música Vete a tu fiesta, y verás
cómo celebran las Musas
su valor, pues tú te excusas.

Poesía Música, no puedo más.

(Vuélvase a subir, y cante la Música este villancico.)

Música Ya son mundos las almas,
de gloria llenas;

que Isabel y Felipe
reinan en ellas.
en los reinos reinan
todos los reyes,
en las almas solo
quien los merece;
pero amor les tienen.

(Salen por el mar Helenia y Frixo, sentados un carnero de oro, diciendo así:)

Frixo ¡Favor, Neptuno divino,
si te obliga la inocencia!

Helenia ¿Quién ha de hacer resistencia
al furor de su destino?

Frixo A tu centro cristalino
lleguen, deidad soberana.
las lágrimas de mi hermana;
pero dejásla llorar
porque enriquezca tu mar
la mayor riqueza humana.
Alza los ojos al cielo,
hermosa Helenia, si está
el mar tan airado ya,
que se ha convertido en hielo:
obliga el piadoso celo
de las supremas deidades;
que si no las persuades
con ver llorar dos estrellas,
temo por sus perlas bellas

mayores adversidades.

Helenia
Este dorado animal
debéis haber codiciado,
ninfas de Neptuno airado,
por el precioso metal:
por los campos de cristal
no sabrá pacer corales
entre ramas desiguales;
dejalde, que ya le espera
coronada la ribera
de jacintos orientales.

Frixo
Mientras más, Helenia, lloras,
más enriqueces el mar,
que en conchas, sale a buscar
tus dos divinas auroras:
guarda el valor que atesoras,
hermana querida, en ellas,
que pues con perlas tan bellas
permiten que las respondas,
codiciosas son las ondas
y envidiosas las estrellas.

Helenia
Loca de verse pisar
por donde más se dilata.
encrespa lazos de plata
la superficie del mar;
¡ondas, dejadnos pasar!

Frixo
¡Ondas, tened compasión!

Helenia ¡Ninfas, piedad, si es razón!

Frixo El mar sus montes allana;
que aquellos bultos, hermana,
celajes de tierra son.

Helenia Las nubes celajes nombras,
pero en el temor consiste;
que siempre engañan a un triste
las esperanzas con sombras.

Frixo ¡Ay, Dios! Con razón asombras
de la aspereza del mar,
si nos salen a matar
sus ninfas.

Helenia No puede ser,
porque con tanto placer
a nadie se dio pesar.

(Ábrase un peñasco y salga de él Doriclea, ninfa, sentada en un delfín de plata.)

Doriclea En los palacios, sobre blanda arena,
de perlas y corales fabricados,
al Rey que el proceloso mar enfrena.
¡oh, hermanos, cuanto hermosos, desdichados!
Envidiosa propuso una sirena,
y a los marinos dioses convocados,
que os diese el agua eterna sepultura;
así trata la envidia a la hermosura.
Ese animal dorado pretendía

que fuese a su deidad sacrificado
sobre fuego del ámbar que el mar cría,
por atrevido a su cristal sagrado:
no se calificó por osadía,
sino desdicha, haber su campo arado;
que puesto que hay desdichas atrevidas,
las perdona el peligro de las vidas.
Varios fueron los votos; mas venciendo
las ninfas, que a piedad habéis movido,
tres veces el Tridente reprimiendo
las voces del Consejo dividido,
manda que os guíe a la ribera, haciendo
camino este delfín al atrevido
bello animal, que de su gran tesoro
bordó las aguas con guedejas de oro;
y que ninguna ninfa osada sea
a hurtar sutil de su dorada lana,
hasta que en tierra algunas hebras vea,
en que ensarte su aljófar la mañana:
Friso, yo soy la ninfa Doriclea,
sigue mis pasos con tu bella hermana;
que ya, como a marítimas deidades,
en la orilla os reciben las náyades.

(Salen la Música y las ninfas que puedan, coronadas de corales y perlas, con velos de plata sobre vestidos azules, y ramos de coral y perlas en las manos, y Frixo y Helenia desciendan del carnero de oro.)

Música A quien el mar perdona.
recíbale la tierra;
así piadoso el cielo
defiende la inocencia.

Náyades de las fuentes,
y de la mar sirenas,
rendid vuestras envidias
a la Ideal belleza.
Cantemos dulces coros,
sembrando por la arena
en ramos de corales
los racimos de perlas,
pues lo quieren los dioses,
¡vivan Frixo y Helenia!
hermanos perseguidos
de su madrastra fiera.
Y a quien el mar perdona
recíbela la tierra;
así piadoso el cielo
defiende la inocencia.

Frixo

Sagradas ninfas del mar,
tú, hermosa Doriclea,
parto de las claras ondas,
gloria y honor de las selvas;
tú, como Venus, nacida
de las espumas que besan,
de las peinadas orillas
la blanca y lustrosa arena,
oíd la historia que pudo
ser por desdichas tragedia,
si faltara la piedad,
atributo a la nobleza:
adonde la blanca aurora
compone la cuna tierna,
Fénix de su misma luz,
al Sol que renace en ella,

sabio, aunque no venturoso,
el rey Atamante reina,
depuesta la blanca espada
de mil gloriosas empresas.
Casóse en sus tiernos años
con la bellísima Celia,
de quien los dos somos hijos
con desdichadas estrellas.
Mi nombre, ninfas, es Frixo,
mi hermana se llama Helenia,
gran sujeto a la Fortuna
para ejercitar sus fuerzas.
Los dos nos criamos juntos
hasta que la primavera
de nuestra edad dividió
la vida por la sospecha.
Atamante, con los años,
que todas las cosas truecan,
puso el dolor en olvido,
sombra de memorias muertas.
juntó consejeros sabios,
todos pienso que lo eran,
mas la voluntad de un rey
fue siempre la ley primera.
Dijo que quería casarse,
todos convienen que acierta;
que pretensiones y aumentos
abonan cuanto se yerra.
Casóse con Erifile,
más hermosa que discreta,
aunque era bien entendida,
pero con poca prudencia.
Quísola con pocos años;

que la edad que a muchos llega,
ama con mayor lealtad
y agradece que le quieran.
Ganóle el alma Erifile
que no es mucho que esto pueda
el artificio en los brazos
cuando nieva en las cabezas.
Comenzó a olvidar sus hijos,
¿quién pensara que pudiera?
Pero ¿quién no lo pensara
entrando la envidia en ella?
Yo, en la caza divertido,
le presentaba las fieras,
pero nunca con ninguna
pude aplacar su fiereza.
Como vi que la cansaba,
seguí animoso la guerra,
o para que me matasen,
o agradarla con mi ausencia.
Dábame el cielo victorias
como si yo las pidiera;
pero rasgábanle el alma
las cajas y las trompetas.
Cuando vía tremolando
las victoriosas banderas
entrar al son de las cajas.
se desmayaba en las rejas.
Mi hermana, por otra parte,
procuraba entretenerla,
ya con labores que hacía,
ya con inventarle fiestas.
Llegó a su extremo la envidia,
creció con lo que otros menguan,

porque, al revés de otros vicios,
con buenas obras se aumenta.
En fin, supo hacer de modo
que, de mi padre en la ausencia,
nos mandó echar en el mar
en un arca sin cubierta.
Al retirarse las ondas
de las opuestas riberas,
obedientes al imperio
que puso la Luna en ellas,
vimos el golfo cantando
tan lastimosas endechas,
que gimieron los delfines
y lloraron las sirenas.
Mil veces vimos el arca
de las estrellas tan cerca,
que a poderse desclavar,
alcanzáramos estrellas;
y mil veces al abismo
descender con tal violencia,
que nos pareció que ya
pasaba de las arenas,
cual suelen de los pintados
arcos, para que desciendan
con la violencia que suelen,
los indios tirar las flechas.
En medio de estas desdichas,
sobre las ondas se muestra,
en un sepulcro de espumas,
sombra nuestra madre Celia.
«Hijos, nos dice llorando,
¿adónde a morir os lleva
la envidia de una madrastra?»

Lloramos juntos con ella,
y ella, a Júpiter moviendo,
de quien tuvo descendencia
su sangre, miró piadosa
las márgenes de la tierra,
de donde aqueste animal
rompe las ondas soberbias,
y para fe del milagro
doradas las rubias hebras.
Subimos en él los dos,
y aunque a costa de perderlas,
por altas montañas de agua
hallamos sendas estrechas.
Pero como por envidia
salimos de nuestra tierra,
también quiso airada el agua
que muriéramos en ella;
hasta que con tu favor,
bellísima Doriclea,
pisamos los verdes campos
destas enramadas selvas.
Contra quien ayuda Dios,
cánsase la envidia necia;
que cuando hubiera fortuna,
Dios gobernará su rueda.

Doriclea

¿A quién, con vuestros cuidados,
príncipes, no les daréis,
si inocentes padecéis,
y hermosos sois envidiados?
Pero vivid confiados
de que saldréis con victoria;
que el cielo tiene memoria

de que estáis en tierra ajena,
y que ha de ser vuestra pena
para más descanso y gloria.
  Donde la vista termina
deste horizonte la cumbre,
su dorada pesadumbre,
que con las nubes confina,
consagrado a la divina
deidad de Marte, levanta
un templo, por cuya planta
los délficos diferencio,
donde en respeto y silencio
veneran su imagen santa.
  Aquí nereidas hermosas,
conduciréis a los dos,
porque el armígero dios,
en sus aras belicosas,
lleno de purpúreas rosas,
ofrezcan este animal,
preciosa víctima igual
a su divino decoro,
pues al estrellado Toro
vence la luz celestial;
que yo vuelvo en mi delfín
a los centros del Nereo,
porque ya el vario Proteo
toca el sonoro clarín:
tendrán vuestros males fin
con este holocausto santo;
y luego que en negro manto
suba el humo al quinto cielo,
bajará vuestro consuelo,

y cesará vuestro llanto.

(Mientras van las ninfas guiando al carnero de oro, que irá sobre sus ruedas, vuelva a cantar la Música:)

Apacibles prados,
creced las hierbas;
que ganado de oro
pasa por ellas.

(Aquí suenan trompetas y cajas, tiros, arcabuces y fuegos. y se abra el templo del dios Marte, donde, sobre otras tantas columnas, se vean nueve retratos de los nueve de la Fama, y en la décima el emperador Carlos V, a caballo, entre diversas armas y despojos, que por todo el templo estén pendientes de velos de plata y lazos de colores; Marte en medio, armado, con plumas, lanza y rodela.)

Frixo

Sacro armipotente Marte,
Dios de las batallas fuerte,
que de no temer la muerte
sangriento enseñas el arte;
si tuve en tus glorias parte
por tantas victorias claras,
recibe, pues siempre amparas
a los que tu amor merecen,
los que esta víctima ofrecen
a los jaspes de tus aras.
Dos desterrados hermanos,
de ajena ofensa inocentes,
tienes a tus pies presentes,
favor pidiendo a tus manos;
así los brazos humanos

veas de tu blanca diosa
en tu esfera luminosa,
sin que el Sol, que en medio vive,
de tanta gloria te prive,
lleno de envidia celosa;
  y así Vulcano, jamás
forme red, del cielo risa,
a quien de tu amor avisa
por los celos que le das;
y así no te cuente más
de Adonis, Venus, la historia,
ni despierte la memoria
el lirio azul de su amor;
pues dar a un triste favor,
aun es en los hombres, gloria.

Marte

  Hijos del noble Rey del claro Oriente
felicísima sangre de Atamante,
a quien la envidia trujo el mal presente
y envidia de mujer siempre arrogante;
el cielo os mira ya piadosamente;
ningún temor vuestra inocencia espante,
que presto volveréis al patrio suelo;
así lo dice ya préságo el cielo.
  El templo adonde estáis os asegura
de todo cuanto la Fortuna intenta;
así la ofrenda recibir procura
quien la estrellada máquina sustenta;
la Fama, que al igual del tiempo dura,
de los preceptos del olvido exenta,
aquí tiene su centro, aquí reside,
aquí favor para las letras pide.
  Aquél de la celada que remata

un Sol entre suspensos paralelos,
al valeroso Josué retrata,
que le detuvo, y admiró los cielos:
aquél del peto de luciente plata,
que el manto cubre de listados velos,
es el pastor que derribó el Gigante
a los cercos del cáñamo tronante;
aquél de la casaca azul celeste,
es el gran defensor de los hebreos,
a quien la Fama eternos siglos preste
bronce inmortal, elogios y trofeos;
éste de la encarnada sobreveste,
que con presteza igual a sus deseos
bebió de polo a polo el mar profundo,
es Alejandro, vencedor del mundo;
Héctor, aquél del morrión dorado,
invicto, aunque en el griego desafío,
entre la roja púrpura bañado,
aró la arena del troyano río;
éstos que no han nacido, aunque han llegado
por el valor futuro al templo mío
Júpiter manda que su imagen sea
copiada aquí de su divina idea;
aquél, es César, ínclito romano,
que ha de obrar y escribir tantas historias;
éste es Carlos, francés, llamado el Mano
coronado de palmas y victorias;
aquél, Arturo, el ínclito britano,
y éste Bernardo, que a mayores glorias
llegara si le viera edad alguna
con menos sangre o con mejor fortuna.
Décimo destos que la Fama nombra,

manda poner sobre esta basa y plinto,
con la ferocidad que al Cita asombra,
al Marte de la tierra, a Carlos quinto;
la reina de las aves hará sombra
de suerte a España en término sucinto,
que dando envidia a las demás naciones
penetren los dos polos sus pendones.
El vellocino que hoy me sacrificas,
de tanto honor le haré que ilustre el pecho
de los reyes de España, entre las ricas
piedras que el fuego esmaltarán deshecho;
mira a qué cielo su valor aplicas,
después de estar de treinta estrellas hecho,
cuando le bañe el Sol en su alta esfera,
al paso de la verde primavera.
La venturosa edad que está esperando
dorado el siglo de mayor tesoro,
de tres Filipos le verá adornando
el católico pecho entre aspas de oro:
yo, en tanto, a un árbol le pondré, formando
para custodia de mayor decoro,
dos toros y un dragón, linces de fuego,
a cuyas armas su riqueza entrego.
Y ojalá que llegara a la dichosa
del gran Felipe cuarto el vellocino;
que destos animales la espantosa
furia domara su valor divino;
que del bridón rigiendo la espumosa
boca, y vibrando el temple diamantino,
los deshiciera con valor profundo,
que en años diecisiete asombra el mundo.
No me permite Júpiter que cuente

los grandes hechos deste gran Monarca
mas que le ponga en el lugar decente
que libra del olvido y de la parca.
Tú, Frixo, en tanto, de tu patria ausente,
con tosca piel y con grosera abarca,
vive estos montes con tu hermana bella;
que aun tiene rayos tu enemiga estrella.

(Ciérrese el templo, y salga, después de haberse tocado las trompetas, el príncipe Fineo en hábito de caza, con un venablo.)

Fineo Monte que al cielo subes,
cuyos ásperos riscos
apenas retratar el mar se atreve,
penetrando las nubes
tus altos obeliscos,
ya vestidos de hierba, ya de nieve,
por donde el paso mueve,
la fiera más hermosa
que a vuestros valles pasa,
la nieve que me abrasa,
la hermosa imagen de jazmín y rosa,
la bella ninfa altiva,
más que vuestros arroyos fugitiva.

(Sale Medea en hábito de caza por otra parte, con arco y flechas.)

Medea Montes que en aspereza
de peñas elevadas,
silvestres fieras, bárbaros pastores,
excedéis la fiereza

y selvas encantadas
de Arcadia, faltos de aves y de flores,
por no escuchar amores,
por no entender suspiros,
a vuestras soledades
ofrezco libertades,
al viento voces y a las fieras tiros;
que quien de amor se ofende,
huyendo de quien ama se defiende.

Fineo

Amor, duro castigo
de nuestros pensamientos,
que a tantas humildades nos obligas;
pacífico enemigo,
que los entendimientos
dulce enloqueces, y áspero fatigas;
así jamás persigas
a quien no te merece,
pues tu poder ignora
quien mata a quien le adora,
que me digas, amor, ¿cómo padece
tus penas sin mudanza
quien no supo jamás qué es esperanza?

Medea

Desdén que me defiendes
de los atrevimientos
en que suelen caer las voluntades,
y victorioso emprendes
con altos pensamientos
castigar las ajenas libertades;
pues tú me persuades
que amor es todo engaños,
prosigue en tus extremos;

juntos los dos pasemos
la verde primavera de mis años;
que es insufrible pena
querer vivir por voluntad ajena.

Fineo

Bellísima homicida
del alma que desdeñas,
dulce cuidado generoso mío,
que me cuestas la vida,
¿en cuál de aquestas peñas
tu retrato verá mi desvarío?
Pues vengarme confía
en los piadosos cielos
de tu cruel belleza;
que por ser tu aspereza
sujeta un hora, aunque me maten celos,
quiero pedir que quieras,
y morirme de amor porque tú mueras.

Medea

Aborrecido amante,
que conquistas en vano
el hielo de mi pecho, ¿cómo emprendes
deshacer un diamante,
pues ya como tirano
la dulce libertad del alma ofendes?
Imposibles pretendes,
los rayos del Sol miras,
siembras en el arena,
pues mientras con más pena
loco de amor por mi desdén suspiras,
con más libre deseo
mi libertad en tu desprecio empleo.

Fineo ¡Ay, dulce imaginación,
poderosa a hacer efeto!
¡Ay, imposible sujeto
de mi loca pretensión!
¡Ay, sombra del pensamiento!
Mas, pues no puede abrasar
la sombra, os haré pensar
que es verdad mi atrevimiento.
Llegad, corazón turbado,
y tanta dicha gozad;
que alguna vez es verdad
lo que piensa un desdichado.
Si pudieran esconderme
de tu luz tantos enojos,
te conocieran mis ojos
en que te pesa de verme.
Yo sé que no me ha engañado,
prima, el pensamiento mío,
pues que me muestras desvío
aun antes de haberme hablado.
Excusas palabras breves
por mostrar largos enojos,
pues remites a los ojos
la respuesta que me debes.
Tú no vas a matar fieras,
porque, si fueras, sospecho
que a la crueldad de tu pecho
volver el arco pudieras.
Irás a matarme a mí:
¡ojalá lo fuera yo,
no para matarme, no,
para no esperarte, sí!
Yo espero; tira, procura

mi muerte, si ya la esperas,
porque solamente fieras
huyeran de tu hermosura.
  Que puesto que me aborreces,
podré tener por favor
matarme amor, que al amar
en arco y flechas pareces.

Medea

  Gallardo primo Fineo,
pésame de verte triste,
si tu tristeza consiste
en tu amoroso deseo.
  Tanta desesperación
es indigna de hombre sabio,
ni querer formar agravio
que no se funde en razón.
  No sé yo que esté obligada
a amar una dama a quien
dice que la quiere bien;
porque no ha de amar forzada.
  Voluntad que no responde
a quien muestra voluntad,
a mayor dificultad
que la de amor corresponde.
  Es definición de amor
correspondencia de estrellas;
que donde no quieren ellas,
pierden servicios valor.
  Fuera destos, en cortesía
te estima mi voluntad.

Fineo

Agradezco tu piedad,
ingrata enemiga mía;

porque es tenerla de mí
el darte prisa a matarme;
que deberte el engañarme.
fuera más crueldad en ti.
El Rey, tu padre, Medea,
desde la muerte de Albano,
mi amado padre y su hermano,
mi aumento y vida desea.
Él me ha criado: ¡ay de mí!
que de criarme contigo
nació este amor, mi enemigo,
pues que nunca nace en ti.
¡Caso extraño que se aumente
amor sin amor! Pues mira
no llegue de amor la ira
a que la venganza intente.
Que podrá ser que algún día
te arrepientas de mis daños
vencida de otros engaños,
ya que no de mi porfía.
Falten las luces serenas
de tus estrellas crueles,
para tu boca claveles,
para tu frente azucenas.
Eclipse la nieve pura
su divino resplandor.
porque el tiempo es el mayor
contrario de la hermosura.
Y entonces, amor lo quiera,
que no te aborrezca, no,
pero que me vengue yo
de tu hermosura siquiera.

Medea Fineo, yo escucho mal
a quien habla en querer bien.

Fineo Detente, hermoso desdén.
para mí muerte inmortal;
que aunque el respeto perdone,
amor licencia me da.

Medea Mira, Fineo, que ya
parece que el Sol se pone.
¿No lo ves en su arrebol?

Fineo Detén las plantas crueles
porque no haya dos laureles,
pues no hay más de un solo Sol.
Ama un hombre que te adora
a ejemplo de cuanto vive,
que vida de amor recibe,
y por vivir se enamora.
No viene la primavera
con verdes pasos al prado,
cuando de amor esmaltado,
de sus flores fruto espera.
Apenas las libres aves
ven la risa de la aurora,
cuando amor las enamora
y enseña amores suaves,
las palomas se requiebran
y las tórtolas se casan:
hasta las aguas que pasan,
en las pizarras se quiebran;
que amor junta hasta las piedras,
y en los árboles de Alcides

suben las fértiles vides,
y por los muros las yedras.
  Deja un león el rigor,
brama por su amada ausente;
no hay sirena en mar, ni en fuente
ninfa, que no tenga amor.
  No hay pez en el mar profundo
que no tenga sentimiento:
amor es un elemento
en que se conserva el mundo.
  Pues ¿sola no ha de querer
obedecer tu belleza
la ley de naturaleza?
¿Eres montaña o mujer?

Medea
  Mientras más me persuades.
más me enojas; primo, adiós;
que de estar solos los dos
murmuran las soledades.
  En palacio me dirás
lo que no te escucho aquí.

Fineo
¿Oirásme en palacio?

Medea
Sí.

Fineo
Falsa esperanza me das.

Medea
  En fin, ¿esperanza es ya?

Fineo
Ni dice el alma que es mucha,
porque quien sola no escucha,
acompañada ¿qué hará?

Dame un favor.

Medea ¿Qué favor?

Fineo Una flor; que si la alcanza,
será en mi alma esperanza
lo que en tu cabello es flor.

Medea Hartas, primo, tiene el prado;
cógelas, y adiós, que suena
gente.

(Vase.)

Fineo Detente, sirena
del mar de mi amor turbado.
Detente; tenedla, cielos;
creced en forma de ríos,
agua os dan los ojos míos;
poneos delante, arroyuelos.
Zarzas, en besar dichosas
sus pies, detened sus pies;
pero si es Venus, después
volveréis a tener rosas.
Detened su ligereza,
peñas; pero no querréis,
por lo que della tenéis,
que aunque no es sangre, es dureza.
¡Ay de mi corta ventura,
que de mis méritos no;
que el cielo nos igualó
en lo que no es hermosura!
¿Cómo es posible culparme

de ser tan indigno? Hoy muero;
en vuestros cristales quiero
¡oh, puras fuentes! mirarme.
  No soy el loco Narciso;
pero ¿cómo me aborrece
Medea, si aquí parece
que naturaleza quiso
  favorecerme en no ser
tan desigual a Medea?
¡Cielos, mi muerte desea!
Amar es obedecer.
  Yo me quiero dar la muerte;
vengaréme de mi amor,
y della, si su rigor
de tanta crueldad le advierte.
  Vuelve, Medea, a mirarme
morir, no a verme querer,
pues no quisiste volver
a darme vida y matarme.
  Mas echarme quiero en ti;
ondas, abrid vuestro centro:
voces oigo; si son dentro,
deben de salir por mí.

(Dentro digan Jasón y Teseo:)

Jasón — Tierra, y tierra deseada.

Teseo — Llega a tierra.

Todos — Tierra, tierra!

Fineo — Parece gente de guerra:

pero la vista, engañada,
  no conoce que en el mar
es imposible haber gente,
porque el húmedo Tridente
no se ha dejado pisar.
  Gente viene. ¡Hola, pastor,
que habitas estas cabañas,
que de neas y espadañas
compone tosca labor!
  ¿Sabes de qué se ha causado
en la mar este ruido?

(Sale Frixo en traje de pastor.)

Frixo

Señor, yo estaba dormido
en las sombras deste prado,
  cuando el confuso alboroto
del agua me despertó,
y vi que el ganado huyó
desde su ribera al soto.
  Dila silbos, rasgué el viento
con la honda, y a la fe,
que ignorante le llamé
de tan extraño portento;
  que volviendo, al mar los ojos,
vi por sus campañas rasas
unas portátiles casas
llenas de varios despojos,
  con más cuerdas que se mira
un instrumento ordenado,
y asiento un lienzo pintado
decir: «Bota, amaina y vira»,
  gente que dentro se esconde:

en fin, el furor del viento
con seguro movimiento
templadamente responde;
  que cortando las espumas
que forma el azul cristal,
entre los campos de sal
parece flecha con plumas.
  Al principio imaginé
que fuese ballena o foca,
isla movediza o roca;
pero engañado quedé,
  que dejando la mar fiera,
de la alta casa trasladan,
en tablas que asidas nadan,
a la mojada ribera
  cajas, armas, gente fuerte,
galas, espadas y lanzas.

Fineo Tened paciencia, esperanzas,
que hay mayor mal que la muerte.
  Guerra es ésta; no es razón
que no ayudéis a Medea,
puesto que ingrata desea
vuestra injusta perdición.
  Pastor, si galán pastor
lo puede ser deste valle,
de tu discreción y talle
me prometo igual valor.
  Vente a la corte conmigo.

Frixo Señor, tengo aquí una hermana,
y no es para cortesana.

Fineo ¿Por qué si viene contigo?
Que yo, no puedo creer
que digna de estar no sea
con la divina Medea,
ángel, peñasco y mujer;
pues es forzoso que a ti
se parezca.

Frixo Pues allá,
si ella con la Reina está,
¿qué pensáis hacer de mí?

Fineo ¿Tú no serás jardinero
del Rey mi tío?

Frixo Sí, a fe,
porque es oficio que sé.

Fineo Llevarte a la corte quiero.

Frixo Estoy diestro en saber bien
lo que las flores requieren,
unas que poca agua quieren.
y otras que mucha también.
Los claveles, azucenas,
clavellinas, carmesíes,
anémonas, alelíes,
lirios de moradas venas;
rosas, mayas, valerianas,
manutistas y mosquetas,
tornasoles y violetas,
narcisos y mejicanas;
de artemisas y jacintos,

campanillas, cidronelas,
junquillos y pimpinelas
entre verdes laberintos,
  haré un jardín tan perfeto,
que pueda envidiarle Apolo.

Fineo — Si te llevo, es porque solo
has de saber un secreto.

Frixo — ¿Es de negocios de amor?

Fineo — ¿Tan presto lo has conocido?

Frixo — Sí, señor, que enfermo he sido,
y os conozco en la color.

Fineo — Cajas vuelven a sonar:
¿cómo te llamas?

Frixo — Lisardo.

Fineo — Aquí lo que fuere aguardo.

Frixo — Mi hermana voy a llamar:
  griegos son: no hay que me asombre,
pues tengo el nombre mudado;
que de quien muda el estado,
aun apenas queda el nombre.

(Salen cajas, banderas y soldados, Jasón y Teseo.)

Jasón — Aquí hay un hombre, Teseo.

Teseo Llega de paz, que la guerra
por donde habemos venido
no es posible que la teman.

Jasón Caballero, si lo sois
como el semblante lo muestra
que naturaleza escribe
en la frente la nobleza,
¿podemos llegar de paz?

Fineo Capitanes, vuestra lengua
dice quien sois, y esta hazaña
digna de las armas griegas.
Soy el príncipe Fineo,
sobrino del rey Oeta,
rey de Colcos, padre ilustre
de la divina Medea;
Medea, cuya hermosura
es de aqueste reino Elena,
no para incendios de Troya,
ni para infamias de Grecia,
hoy anda en aqueste monte
cazando silvestres fieras,
seguro que diese el mar
a vuestras armas licencia.
y por quien sois os suplico,
que con el milagro sepa
la intención con que venís.

Jasón Tu cortesía y nobleza
obligan, Príncipe ilustre,
a que Jasón te agradezca
el alma con que le escuchas,

la voluntad que le muestras.
Y, pues ya te he dicho el nombre,
sabrás que reinaba en Grecia
Pelias con Esón, mi padre:
murió Esón, y quedó Pelias;
No teniendo sucesión,
dábale notable pena
el ver que yo le heredase;
que está la envidia más cerca
que la amistad y la sangre;
aquella víbora fiera,
a quien mata el bien ajeno,
y el mal del amigo alegra,
y con no haber heredero
que en el reino le suceda,
trató mi muerte conmigo,
o por lo menos mi ausencia.
Díjome Pelias un día:
«Hijo, si en la primavera
de tus años no ejercitas
las armas, ¿qué honor profesas?
Entra por el ocio amor,
tirano de las potencias,
y muere un hombre sin fama,
vida de memorias muertas.
Tú tienes alto valor,
que de nuestra sangre heredas,
raro ingenio, salud firme,
pocos años, muchas fuerzas.
Adquiere nombre que a todos
nos dé honor, y harás que sea
nuestra sangre tu corona,
y tu victoria la nuestra.

Hércules tiene vencidas
las difíciles empresas
del mundo, en Europa y Asia;
como la sierpe Lernea,
el fiero león de Arcadia,
y la calidonia fiera.
Mató al gigante Aqueloo;
y así, no queda que emprendas
sino el vellocino de oro,
que Marte puso en la huerta,
pendiente de un lauro verde,
del Rey de Colcos, Oeta.
Si éste conquistas, Jasón,
heroica fama te espera,
bronces y jaspes te aguardan
con epigramas eternas.»
Y puesto que vi su envidia,
no quise que conociera,
ni en mi valor cobardía,
ni en sus intentos bajeza.
Hablé al gallardo Teseo,
honor y gloria de Tebas,
y porque pasar a Colcos
por alta mar era fuerza,
pensamos los dos un día
la mayor cosa y más nueva
que imaginaron los hombres;
porque estando en una selva,
se cayó un nido de un árbol
de manera en la ribera
del mar, que con padres e hijos,
las mimbres y pajas secas
conducidas de las ondas,

que como ves salen y entran,
fueron caminando al golfo
sin que el agua las ofenda.
Atravesóse una pluma
entre dos pajas y en ella
daba el viento, que movía
el nido con blanda fuerza.
Luego fabriqué una nave
y puse en un árbol velas,
a imitación de la pluma,
para moverlas por ellas.
Diéronme pinos las faldas
del Pegaso, y por hacerla
de su monte su apellido,
fue la nave Pegasea,
aunque otros la llaman Argos,
porque ejecutó mi idea
un griego de aqueste nombre,
que al diestro Dédalo afrenta.
Echéla al mar, adornada
de blandas jarcias y cuerdas,
con que he tocado el abismo
y espantado las estrellas.
Los peligros que he pasado
no es razón que los refiera,
por acercarse la noche
cubierta de sombras negras.
Yo vengo de paz a Colcos,
y así es razón que precedas
mi embajada, dando al Rey
de mi pensamiento cuenta.
Que si tiene por casar,
como yo pienso, a Medea,

y en esta empresa me ayuda,
yo me casaré con ella.

Fineo ¡Notable hazaña la tuya!
No me admira lo que intentas,
mas la de pasar el mar
a pesar de su soberbia...
yo te quiero conducir
al Rey, pero no pretendas
casamiento con su hija,
por ciertas cosas secretas
que yo te diré después.

Jasón No quiera Dios que le ofenda,
que solo servirle quiero.

Fineo Sígueme, para que veas
al Rey de mayor valor,
y a la más hermosa Reina.

(Aquí se divide la comedia, para que descansen, con alguna música, y salgan Jasón, Teseo y Fineo, el Rey de Colcos, Medea, su hija, con galas de palacio, y Fenisa, dama.)

Jasón Tan alta empresa conquisto.

Rey Joven valeroso y fuerte,
tanto me alegro de verte
cuanto siento haberte visto.
Conozco que la alta empresa
es digna de tu valor;
mas como obligas a amor,
de que la emprendas me pesa.

Y del rey Pelias me espanto,
generoso caballero,
pues no teniendo heredero,
te puso en peligro tanto.
¿Sabes lo que has de vencer
por el vellocino de oro?

Jasón

Señor la fama que adoro
no la puedo merecer
teniendo la espada ociosa,
mis reinos, y no ellos solos,
mas pienso que los dos polos
saben mi empresa famosa.

Rey

De un verde laurel pendiente
dicen que está, cuyo pie
se conserva libre en fe
de un dragón resplandeciente,
cuyas alas, de cambiantes
colores y tornasoles,
a las nubes y arreboles
del poniente semejantes,
cubren las escamas duras
de que tiene el cuerpo armado,
de un verde jaspe esmaltado
de oro entre líneas oscuras.
Los ojos son dos topacios
con aquella luz flamante
que, estando cristal delante,
expira por sus espacios.
La boca de rayos llena,
y los pies de cocodrilo
que en las márgenes del Nilo

tiembla su estampa la arena.
  Dos toros están con él,
cuyas frentes importunas
coronan menguantes lunas
de aspecto horrible y cruel.
  Por ojos, boca y narices
vierten humo y fuego a veces,
con que manchan sus dobleces
las arrugadas cervices.
  Como de erizos cubiertas
tienen las pieles tostadas,
las uñas de bronce armadas,
no, como suelen, abiertas:
  mira, Jasón valeroso,
lo que vas a conquistar.

Fenisa — Basta; que das en mirar,
Medea, este griego hermoso.

Medea — ¿No te parece disculpa
su extremada gentileza?

Fenisa — Tu condición y aspereza
tan nuevos efectos culpa.

Medea — Entróme por compasión
al alma la voluntad;
no es amor, sino piedad,
o entrambos efectos son;
  que los merece también
su gentileza briosa.

Fenisa — Si ya le miras piadosa,

vendrás a quererle bien,
y sería novedad
en tu rigor.

Medea
Suele amor
tomar, para entrar mejor,
la capa de la piedad.
¡Por Júpiter, que es gallardo
y que no acierto a dejalle!
Mas muérome por miralle,
y de verle me acobardo.
Querríame despedir,
Fenisa, del Rey y dél,
y no sé qué he visto en él
que no me deja partir.

Fenisa
De cualquier suerte conmigo.
Medea, estás disculpada,
y yo, también, si me agrada
aquel capitán su amigo.
Bizarros los griegos son:
¿no es muy gallardo Teseo?

Medea
La envidia de mi deseo
te dio, Fenisa, ocasión.
En fin, ¿te parece bien?

Fenisa
Estoy por decir que sí.

Medea
Dilo, Fenisa, que a mí
me agrada Jasón también.

Fenisa
Pues no se concierta mal;

que ellos nos están mirando.

Medea — Y Fineo murmurando
celos de mudanza igual.

Jasón — ¿Has reparado, Teseo,
en la divina Medea?

Teseo — Tú en ella la vista emplea,
por no, decir el deseo;
que yo, desde que miré
a Fenisa, no he quitado
ni la vista ni el cuidado
de sus ojos.

Jasón — Dicha fue
no encontrar las aficiones;
que te aseguro que ya
Medea en el alma está,
donde tú a Fenisa pones.

Teseo — Si Marte, amigo Jasón,
nos saca en paz desta empresa,
y a algún celoso no pesa
que ya nos mira a traición,
pienso que a Grecia volvemos
casados.

Jasón — No podrá ser,
porque ya comienzo a ver
en este Príncipe extremos.

Teseo Es su primo.

Jasón Cuando amor
sobre la sangre se aplica,
el parentesco duplica
la fuerza de su rigor.
Celoso y triste le veo;
no lo estará sin razón.

Teseo ¿En qué lo has visto, Jasón?

Jasón En que ya lo estoy, Teseo.

Fineo ¡Cielos, que habéis conducido
un extranjero a mi tierra,
de paz para darme guerra,
piedad de mí; muerte os pido!
Que el alma que en luces viene
a los ojos de Medea,
dice que a Jasón desea.,
y los dél, que amor la tiene.
Porque los gustos o enojos,
como no saben mentir,
no los pueden encubrir,
por más que finjan, los ojos.
Pero ¿qué me estoy matando,
si los toros y el dragón,
ya de la loca pasión
de los dos me están vengando?
Fieras que guardáis el verde
laurel donde está colgado
el vellocino dorado
con quien el Sol rayos pierde;

si amor, si celos tuvistes,
pues sabéis que es mal tan fiero,
de algún novillo extranjero
cuando en las selvas vivistes,
haced a Jasón pedazos;
que si no bastaren juntas
vuestras encantadas puntas,
yo os quiero prestar mis brazos

Rey
Jasón, nuestro huésped eres;
vamos a hacer sacrificio
a Marte, piadoso oficio,
para que victoria esperes;
que en habiendo descansado
trataremos de la empresa.

Jasón
Señor, el descanso cesa
donde comienza el cuidado.
El sacrificio es muy justo,
que el mejor principio es Dios;
mas pues son los toros dos,
hacérsele dellos gusto
sirviendo el arena de ara
adonde pienso verter
su sangre.

Rey
Bien puede ser;
pero será hazaña rara.

Jasón
No temo encantados fuegos
de otros ni de dragones.

Fineo
¡Qué necios y fanfarrones

son estos cobardes griegos!

(Váyanse, y queden Medea y Fenisa.)

Medea Nuevo pensamiento mío,
fuego en mi hielo engendrado,
¿dónde vais desatinado
a tan dulce desvarío?
¿Qué es de la esperanza y brío
con que jamás la pasión
de amor venció la razón
que agora rendida os culpa?
Pero daréis por disculpa
el no haber visto a Jasón.
¡Ay, Fenisa, con qué prisa
entré a ser de amor esclava
cuando más segura estaba
de sus engaños, Fenisa!
Amor aparece a la risa
del alba, que en llanto para;
pero ¿quién no imaginara
que, viniendo a matar fieras,
la muerte, Jasón, me dieras
para que amor se vengara?
Mas ¿cómo sin resistir
un extranjero valor,
me dejo vencer de amor
y me condeno a morir?
Ya no me quiero rendir;
que es necia facilidad,
mas fuera de ser crueldad,
pongo a peligro la vida,
porque en siendo resistida,

se aumenta la voluntad.
Si desde mis tiernos años
he estudiado encantamentos
si la tierra, el mar, los vientos
obedecen mis engaños,
y resultan tantos daños
de no ayudar a Jasón
que seré su perdición.
¿ha de morir su belleza
a manos de la fiereza
de aquel fogoso dragón?
No quiera Júpiter santo
que yo le deje morir,
pues que lo puedo impedir
si con yerbas los encanto;
que si yo le obligo tanto,
él se casará conmigo,
y llevándome consigo
reinaré con él en Grecia:
loca estoy sobre estar necia,
pues cuanto imagino digo.

Fenisa

Espantada estoy, señora,
de ver tan nueva mudanza.

Medea

¡Qué justa desconfianza
me ha dado, Fenisa, agora!
¡Si finge que se enamora
Jasón, y quiere en su tierra
otra mujer! Mucho yerra
quien tiene a un extraño amor;
toma las llaves, honor,

y al amor el alma cierra.

Fenisa ¡En extraña confusión
te ha puesto tu pensamiento!

Medea Solo el no ayudarle siento,
porque ha de morir Jasón:
¡Qué lástima! ¡Qué ocasión
tan triste! ¿Por qué me atrevo
a consentir, si le debo
amor, Fenisa, y no engaños,
que en lo mejor de sus años
muera tan galán mancebo?
Ahora bien, esto es amor;
no le resistamos más.

Fenisa Resuelta a su amor estás.

Medea Con licencia de mi honor,
lo estoy a darle favor;
llama a Silvia, hablarla quiero.

Fenisa ¿Es Silvia del jardinero
la hermana?

Medea La misma es;
que aunque rústica la ves,
fue cortesana primero;
della me quiero fiar
para hablalle en el jardín.

Fenisa La pared de este jazmín

hoy la he visto aderezar.

Medea Allí está cogiendo azahar.
Dale una voz.

Fenisa ¡Silvia!

(Sale Helenia, en hábito de serrana, con patenas, corales, sombrero de villana, sayuelo y manteo.)

Helenia ¿Quién
me llama?

Fenisa Quién de tu bien
no tiene poco cuidado.

Helenia Si supiera hablar el prado,
él lo dijera también.
No debe a la primavera
más flores que a vuestros pies;
y ¿qué mucho, de quien es
la primavera primera?
Salir el cristal quisiera
desta fuente a hurtar mis labios.

Medea Álzate, que son agravios
las lisonjas a discretos.

Helenia Siendo de la causa efetos,
nunca se agravian los sabios.
¿En qué os sirvo?

Medea Estoy turbada.

Helenia Basta; vos tenéis amor,
porque del rostro el color
subió la sangre alterada:
pues no reparéis en nada;
mujer soy, y también quiero
un gallardo caballero
desde que en palacio estoy:
mirad cómo cuenta os doy
de mis desdichas primero.

Medea ¿Cosa que celos me des?

Helenia Que de vos los tengo yo
es lo más cierto.

Medea Eso no,
que es muy principal.

Helenia ¿Quién es?
Que no le querré después
que sepa que vos le amáis.

Fenisa Silvia, si acaso os burláis,
aunque nacida en aldea,
daréis enojo a Medea.

Helenia Fenisa, engañada estáis;
que si os quisiese decir
quién soy, bien puedo querer
lo que pueda merecer

a quien hoy me veis servir.

Medea — Deja, Silvia de fingir
donaires de tu deseo.

Helenia — Quiero a tu primo Fineo.

Medea — Pues quiérele, que es razón,
porque yo, Silvia, en Jasón
mis pensamientos empleo.
Pero mira que es locura
tu amor.

Helenia — Yo sé que le puedo
querer.

Medea — ¿De qué tienes miedo?

Helenia — ¡Aun aquí no estoy segura!

Medea — Hablar a Jasón procura,
y dile que quiero hablalle
en el jardín.

Helenia — Iré a dalle
tan buenas nuevas, señora:
por lo menos te enamora
discreto y con lindo talle.
Bien haya la dama, y bien
le suceda; que en disculpa
puede ofrecer de su culpa
que quiere a un discreto bien.

Medea — Añade el talle también,
Silvia, y el donaire y brío,
y quédate, adiós.

Helenia — Confío
en su piedad que algún día
cese la desdicha mía,
y sepáis el valor mío.

(Vanse, y quede sola Helenia.)

Helenia — Hiedras que, destos álamos esposas,
a un hielo frío enseñaréis amores,
y viendo a vuestros pies crecer las flores,
con más amor los abrazáis celosas.
¿Qué sienten vuestras almas amorosas
cuando las viste abril de sus colores,
pues llegan a tener competidores,
por celos hiedras, por amores rosas?
Yo, viendo que les dais tantos abrazos
mis locas esperanzas aventuro,
porque no hay posesión sin firmes brazos
Vuestros amores imitar procuro,
porque quien tiene el bien con menos lazos
¿cómo puede pensar que está seguro?

(Sale Jasón.)

Jasón — Aunque Lucrecia sea
menos urbana, ¡qué razón sería,
serrana, a quien desea
servir agradecida el alma mía,
pisar sendas agora,

que en ellas estampó su pie el aurora!
No he podido excusarme,
porque vengo a poner la boca en ellas,
de hablarte y de preciarme,
que vi por atrevido las estrellas,
si verlas en el suelo
es ser Faetón del Sol y caer del cielo.
Aquí estuvo Medea,
aquí Venus, aquí el Amor vendado,
que merece que sea
de los dioses temido y estimado,
y aquí, con tu licencia,
quiero adorar la sombra de su ausencia.

Helenia

A la fe, generoso
Jasón, hijo de Marte, que merezco,
si estáis tan amoroso,
albricias con las nuevas que os ofrezco.
Medea quiere hablaros;
yo vi perlas cubrir sus ojos claros:
si sois favorecido
de sus famosas artes, haced cuenta,
Jasón, que habéis vencido;
que si retroceder la Luna intenta,
lo hará tan fácilmente
que ni las plantas ni la mar aumente.
Divina, encantadora,
para vuestro favor era Medea;
ya el Sol las nubes dora
del occidente a que llegar desea:
y la noche tirana,
huyendo viene de la aurora indiana.
Aquí esperad; que creo

que presto la traerá su amor rendida.

Jasón ¿Es posible que veo
tan cerca mi esperanza conducida
al puerto? Desconfío,
que no puede ser cierto por ser mío.
Este anillo, serrana,
aunque es diamante, amor le da más
precio.

Helenia Tened: no soy villana:
precio el amor, y el interés desprecio;
el amor es tesoro,
y no es favor sin voluntad el oro.
Si os veis, Jasón, por dicha
en Grecia rey con la real Medea,
doleos de mi desdicha,
porque Lisardo lo que ha sido sea,
Lisardo, aquel mi hermano.

Jasón En fe de que lo haré te doy mi mano.

Helenia Pues voyme, que parece
que siento en el jardín manso ruido;
todo cuadro florece,
y el viento, entre los árboles dormido,
parece que despierta.

Jasón No me engañes amor; mi gloria es cierta.

(Vase Helenia y sale Medea.)

Medea Claras, cristalinas fuentes,

que con dulce voz sonora,
de amor, de celos, de ausencia,
parece que estáis quejosas;
altos árboles en quien
duermen, sosiegan, reposan
mil pintados pajarillos
que esperan la blanca aurora;
narcisos enamorados
que estáis cubriendo de aljófar,
para templar vuestro fuego
las tersas cándidas hojas;
violetas, color de amor,
que entre clavellinas rojas
moráis, que no hay esperanza
segura de ser dichosa,
¿si habrá llegado Jasón?
¡Hablad, encarnadas rosa!;
si no enmudecéis de envidia
del carmesí de su boca.
Mas ¡ay Dios!, ¿qué sombra es ésta?

Jasón ¡Qué bien me llamaste sombra;
que a un cuerpo que está sin alma
solo este nombre le toca!
No os alteréis; Jasón soy,
a quien Silvia dijo agora
que hablarme queréis; si es cierto,
amor a esos pies me arroja;
si es mentira, habrá consuelo
en morir; que al fin, señora,
hay muerte para los tristes,
y para mí muerte honrosa;
porque quien muere por vos,

califica su persona
de discreta en la elección
y en la firmeza dichosa.

Medea	Jasón, grande atrevimiento
fue el vuestro; no se perdonan
menos tales osadías
que con muertes afrentosas.
Salid luego del jardín;
que si os hallan a estas horas
los Argos del Rey mi padre,
será vuestra vida poca.

Jasón	Engañóme el amor mío,
que de vuestro amor me informa,
no la necia confianza
que a los que lo son provoca:
perdonadme, y estad cierta
de quien tan loco os adora,
que os sabré vengar de mí
con más rigor que vos propia;
porque al rígido dragón,
sin armas que me socorran,
me echaré desesperado.

Medea	Esperad.

Jasón	Voy a que ponga
mi muerte en ejecución.

Medea	¿Y si vuestra vida importa
a la que yo he de vivir?

Jasón	Vida que vuestra se nombra,
guardalda para serviros.

Medea	Me la guardo.

Jasón	¿Vos?

Medea	Yo sola.
Que si Pelias os envía
a empresas dificultosas,
y si celoso mi padre
a que os volváis os exhorta;
si trata de perseguiros,
con toda el alma celosa,
mi primo y galán Fineo;
si Marte, que por custodia
de su vellocino ha puesto
dragón que vierte ponzoña,
y toros que aspiran fuego;
si el mar, de temor que os cobra,
porque no volváis, Jasón,
a pisar sus libres ondas,
brama, y le permite el cielo
que el freno el arena rompa;
si la tierra, por extraño
que la inquieta y alborota
con banderas y trompetas,
temiendo que la deshonra
suceda a Colcos que a Grecia,
siendo yo Elena, y él Troya,
claro está que sola soy
la que merezco la gloria

de haberos favorecido.

Jasón

Alta, celestial corona
de los dioses, que inmortales
hizo la divina ambrosia,
dadme palabra: mal dije;
que debo pediros obras
que paguen tales favores,
que son las humanas cortas:
dadme mil veces los pies.

Medea

Ya no es tiempo de lisonjas;
yo estoy ciega, tú eres hombre;
que no hay duda que no rompan
por cualquiera novedad
que les venga a la memoria.
Jura a los supremos dioses
que seré, Jasón, tu esposa,
y me llevarás a Grecia;
porque, si me dejas sola,
todos me darán la muerte
si por mí del árbol robas
el vellocino dorado.

Jasón

Juro a las deidades todas
cuantas el supremo cielo
resplandecientes adornan,
y prometo al dios de amor,
y a la soberana diosa
que engendró del mar la espuma,
que si salen vencedoras
estas manos de la empresa,
jamás se rindan a otra,

aunque me diesen con ella
cuanto la tierra atesora,
cuanto los dos polos miden,
desde donde el Sol se postra
adonde el Oriente encrespa
sus guedejas luminosas.

Medea	Pues siendo así, fuerte griego,
cierta tienes la victoria;
yo te daré mi favor.

Jasón	Beso tus manos hermosas.

Medea	Aunque no era menester
para las tuyas heroicas;
pero mira que no sean
tus palabras engañosas;
porque si otra dama quieres,
cuando ingrato correspondas
a tanto amor, yo sabré
crecer de la mar las olas
y darte sepulcro en ellas.

Jasón	¡Plega a Dios, dulce señora,
que si en mi vida he sabido
que es amor...

Medea	No jures, sobra
ese noble sentimiento.

Jasón	Digo que la mar esconda
mis naves y mis soldados,
alterada y procelosa,

si otra dama quiero bien,
si otra mujer me aficiona,
si he dado alguna palabra,
ni dicho amores a otra;
porque sola tu hermosura,
que cuanto mira enamora,
de toda mi libertad
el supremo imperio goza.

(Sale Fineo.)

Fineo

¡Juntos Medea y Jasón!
No en vano amor me avisaba
que cuidadosa miraba
su gentil disposición.
¡Qué presto que el alma avisa
de los pesares y enojos,
con la lengua de los ojos,
que baña el amor en risa!
No me engañó la sospecha,
no fueron celos, que son
una amorosa ilusión
de imaginaciones hecha.
¡Oh, griego, apenas te vi,
cuando dije: hoy ha llegado
para Medea cuidado,
y desdicha para mí!
Pero ¿cómo un extranjero
ha de tener libertad
para tanta deslealtad?
¿Qué aguardo? ¡Matarle quiero!

Jasón

¡Ay, Medea! En el jardín

está tu primo Fineo.

Fineo
Principios de su deseo
serán de su vida el fin.

Medea
No temas; que yo sabré
hacer que a ninguno vea.

Fineo
¿Por dónde se fue Medea?
Jasón, ¿por dónde se fue?
¿No estaban agora aquí?
¿No los vi? ¿Qué es esto, cielos?
¿Si me engañaron mis celos?
Pero no, que yo los vi.
¿Cómo pudieran mis ojos
engañarme? ¿Aquí no estaban?
¿Yo no los vi que se hablaban?
Celos miran con antojos,
cuyo engaño hace mayores
las cosas de lo que son.

Medea
¿No ves, querido Jasón,
que tienta ramas y flores?

Jasón
Quien sabe hacer invisibles,
bien sabrá darme favor.

Medea
Aunque sobra tu valor
a mayores imposibles,
tú verás el que te doy;
vete, y hablaré a Fineo
para engañar su deseo.

Jasón Con mil cuidados me voy.

Medea ¿De qué, Jasón?

Jasón ¡Ay, Medea,
celos tengo!

Medea ¿De mí o dél?

Jasón De que, si has de hablar con él,
harás que yo no te vea.

(Vase Jasón.)

Medea Fineo, ¿qué haces aquí?

Fineo ¿Tú estabas aquí, señora?

Medea No estaba; que llego agora.

Fineo Y ¿sola llegaste?

Medea Sí.

Fineo ¡Ay, que tus engaños son!
Yo sé que estaba contigo
Jasón.

Medea ¿Quién?

Fineo Pero ¿qué digo?
¿Que tú estabas con Jasón?
Ya, Medea desleal,

he visto tu pensamiento,
porque fue tu atrevimiento,
para mis celos, cristal.
¿Eres tú la que tenía
tal aspereza y rigor?
¿A un extranjero traidor,
tanto amor, tanta osadía?
Tus melindres, tus desdenes,
¿han tenido aqueste fin?
¿Tú sola en este jardín?

Medea ¡Qué libre y qué necio vienes!
Y aunque a un celoso y a un loco
se ha de hacer igual desprecio,
no ha de perdonarse un necio,
aunque es de tenerse en poco.
Hablar este caballero,
huésped de mi padre, ¿es ya
quererle bien?

Fineo Claro está.

Medea Y tú, furioso y grosero,
siéntelo como quisieres,
y advierte que los celosos
a mil yerros amorosos
obligaron las mujeres.
Porque como sus desvelos
las despiertan del temor,
el primer paso de amor

dan en pidiéndoles celos.

(Vase.)

Fineo

¿A qué puede llegar mi desventura,
pues no me queda sombra de esperanza?
Pero si no lo fue, ¿de qué mudanza
puedo quejarme a quien mi mal procura?
La muerte, por lo menos, me asegura
que sola el fin de mi desdicha alcanza;
mas tener en la muerte confianza,
afrenta la piedad y la hermosura.
No despiertan mis celos tu osadía;
que ya te daba amor dulces desvelos,
tirana ingrata de la vida mía.
Mas quien quiere al temor correr los velos,
y amar con libertad lo que temía,
da por disculpa que le piden celos.

(Sale Helenia.)

Helenia

Aquí está mi nuevo amante;
triste está, ¿qué puede ser?

Fineo

¿Qué tengo ya que perder?
¿Qué mal habrá que me espante?
Ya solo te debo amor,
en mis desdichas tal dicha,
que no ha quedado desdicha
para que tenga temor.

Helenia

Guarde Júpiter, Fineo,

ese talle y gallardía.

Fineo ¿Para qué, serrana mía?
Hoy hizo fin mi deseo,
hoy enterré mi esperanza.

Helenia ¿Adónde?

Fineo En este jardín.

Helenia ¡Vos la esperanza! ¿A qué fin?

Fineo A que fin tan triste alcanza.

Helenia Viéndoos quejar por aquí,
mil veces he deseado
saber si amor os ha dado
la causa.

Fineo Serrana, sí;
la causa el amor me dio
tan hermosa y tan cruel.
que cuando me quejo dél,
con mirarla me pagó.

Helenia Yo apostaré que Medea
os ha puesto en tal rigor.

Fineo A Medea tengo amor.

Helenia ¡Qué mal vuestro amor se emplea!

Fineo — Ya sé que quiere a Jasón.

Helenia — Olvidad; que yo os daré
a quien queráis.

Fineo — No podré,
porque me dan ocasión.

Helenia — Pues ¿con ella no olvidáis?

Fineo — Obliga mucho un desprecio.

Helenia — En los necios.

Fineo — Yo soy necio.

Helenia — No mentís, pues porfiáis;
pero si os diese una dama
que no la iguala Medea,
¿la olvidaréis?

Fineo — Quien desea
desamar quien le desama,
no habrá cosa que no intente:
¿dónde está?

Helenia — No seáis ingrato;
mirad aqueste retrato,
que podrá ser que os contente.

Fineo — Aquí dice Helenia, y más,
hija del rey Atamante.

Helenia La misma tenéis delante.

Fineo ¿Eres tú?

Helenia Sí.

Fineo ¿Cómo estás
en este traje?

Helenia Mi hermano
Frixo, y no Lisardo, huyendo
nuestra madrastra, y rompiendo
las ondas del Océano.
Sobre aquel carnero de oro,
hoy vellocino de Marte,
a quien de Medea el arte,
contra su honor y decoro,
quiere entregar a Jasón,
llegamos a aquesta tierra.

Fineo Yo pienso que el griego yerra
en buscar su perdición.

Helenia ¿Por qué, si le favorece?

Fineo Porque le sabré matar,

Helenia ¿Ya no te quieres vengar?

Fineo ¿De quién?

Helenia De quien te aborrece.

Fineo — Yo quisiera, mas no puedo.

Helenia — Pues vuélveme mi retrato.

Fineo — Perdona si soy ingrato...

Helenia — Tan necia y burlada quedo
   como ya tu amor lo queda;
pero guárdame el secreto
como noble.

Fineo — Eso prometo,
y de amarte cuando pueda.

Helenia — ¡Cuando puedas! Podrá ser,
Fineo, aunque agora no,
que te haya olvidado yo
y no te podré querer.

(Sale Frixo.)

Frixo — Generoso Fineo, ¿cómo agora
tan descuidado estás entre jardines,
mirando cómo Abril esmalta a Flora
de claveles, mosquetas y jazmines?
¿No has oído romper desde la aurora
las cajas, parches, bronces, los clarines,
porque salen Jasón, Teseo y Lidoro
a conquistar el vellocino de oro?
   ¿No te mueve el belígero aparato,
los soldados, las armas y la gente,
que a ver del Macedón tan gran retrato,

discurre por los campos diligente?

Fineo — Los sentidos parece que desato
de un sueño en que los tuve, y que ya
siente
de otra suerte mi honor agravios tales.

Frixo — Admira el ver que con el Rey no sales.

Fineo — Sin duda que me tiene con encanto
Medea en el jardín suspenso agora,
y que me ha detenido tiempo tanto,
los días que juzgué menos de un hora;
del dulce sueño en que dormí me espanto
Pero ¿qué no podrás, encantadora?
Yo voy a ver mi muerte; que bien creo
que le ha de dar tan inmortal trofeo.
Mil sombras se me ponen a los ojos:
¿qué es esto, desleal?

Frixo — Señor, camina.

Helenia — ¡Qué lástima me causan sus enojos!

Frixo — Con encantos le ciega y desatina.

Fineo — Deben de ser de mi furor antojos,
pues, Medea, mi honor se determina
a quitarle la vida.

Frixo — Ya no acierta

ni a salir del jardín, ni a hallar la puerta.

(Vanse, y con música de cajas, y soldados delante sale Teseo, y Jasón detrás, armado, con una maza al hombro.)

Teseo Éste es, Jasón, el lugar
donde está el verde laurel.

Jasón Hoy me pretendo con él
victorioso coronar.

Teseo El ánimo te ha de dar
más valor del heredado.

Jasón Yo voy en él confiado,
pero más en quien adoro,
mayor vellocino de oro
si le llevo conquistado.
Y advierte, amigo Teseo,
que estén a punto las naves,
que con embates suaves
surquen el golfo a Nereo,
porque éste es menor trofeo
que llevar robada a Grecia
la prenda que el alma precia
como más alto blasón,
por quien mi loca afición
hasta la vida desprecia.

Teseo Yo haré que estén aprestadas,
Jasón, de jarcias y velas,
y de las aferravelas,
blancas flámulas colgadas;

con las áncoras levadas
esperándote estarán.

Jasón — Júpiter, Teseo galán,
permita un céfiro solo
que venga manso del polo
donde las flores están.

Teseo — ¿Dónde dijo que esperaba,
Jasón, la hermosa Medea?

Jasón — Cuando la lumbre febea
su luciente curso acaba,
saldrá por el ancha cava
del fuerte al campo, a las señas
que haremos desde las peñas.

Teseo — ¿No ha de llevar a Fenisa?

Jasón — De que la lleva me avisa
con otras damas y dueñas.

(Abriéndose una nube, se vea al dios Marte.)

Marte — Puesto que decretó, Jasón valiente,
la voluntad del cielo soberano,
por ser de mi poder bellipotente,
que no fuese esta empresa de hombre humano;
pues a solos los hijos se consiente
en lo que reservó poner la mano;
verte con tal valor fuerte y discreto,
pudo mudar el celestial decreto.

Tiene aqueste poder la virtud santa,
que los decretos celestiales muda,
y castigando al que su ley quebranta,
al que tiene valor, piadoso ayuda:
si se puede decir que al cielo espanta,
y que tu ser mortal le puso en duda,
por ti será, Jasón, pues tu grandeza
fue indigna de inmortal naturaleza.

A ti solo se debe, a ti se guarda
la empresa del dorado vellocino;
a ti, por quien el mar humilde aguarda
que rompa su soberbia lienzo y pino;
así le agrada la facción gallarda
con que esparciste del pintado lino
las flámulas al viento, que las flores
dejó por ocuparse en sus colores.

La invención de la nave Pegasea
Júpiter te agradece, y ha mandado
que con cuarenta y cinco estrellas sea
imagen en el círculo dorado,
y que de la bellísima Medea
tengas favor contra el dragón alado
y los toros de fuego, pues al hielo
de su desdén te dio favor el cielo.

La empresa esfuerza tu Real decoro,
pues llevas dos tan ricos vellocinos,
que ciegan del artífice del oro
humano resplandor, rayos divinos:
lugar primero que al fenicio toro,
darán al Aries los celestes sinos,
el Sol principio al año, a abril favores,

perlas al alba, esmaltes a las flores.

(Envolviéndose Marte en aquella nube, dirá Teseo:)

Ya se descubre el laurel
con el vellocino de oro;
ya el dragón, ya el fiero toro,
en guarda se ponen dél.

Jasón
Medea, si eres fiel
a la palabra jurada,
de su violencia encantada
libra tu amado Jasón.

Teseo
Ya sale el fiero dragón:
prueben la maza y la espada.

(Aquí se descubre un laurel, y en él el vellocino de oro; a sus pies dos toros echando fuego y el dragón acometa a Jasón, a quien venza primero, tocando cajas y trompetas.)

Jasón
Del fiero dragón la guerra
vencí ya, griegos valientes;
quiero quitarle los dientes
y sembrarlos por la tierra;
pero ¿qué secreto encierra
salir de la tierra armados
cuatro valientes soldados
que entre sí mismos pelean?

Teseo
Unos con otros desean

vencerse y matarse airados:

(Salen cuatro personas armadas de petos y celadas, con muchas plumas, coseletes de un color y espadas cortas ceñidas, las lanzas plateadas, dancen el torneo al son de varios instrumentos y acabado, salgan los toros a Jasón, y él los acometa.)

Jasón ¡Fieras, aquí moriréis,
que me da favor y esfuerzo
la nueva Elena, que a Grecia,
no a Troya, en mis naves llevo!
¿Qué resistís su poder,
si yo con alma no puedo?
pero ¿quién la tuviera
fuera rebelde a su cielo?
Cayeron, Teseo amigo:
¡victoria, victoria, griegos!
Quito el vellocino de oro:
¡oh prenda, oh joya, oh trofeo,
que estimo después que sé
que has de coronar los cuellos
de los monarcas de España,
cuando esté mayor su imperio!
Y entre ellos el gran Felipe,
cuarto en nombre, aunque primero
en soberano valor
y en divino entendimiento.
¡Oh! ¡Si quisieran los hados
que aquellos felices tiempos
viera yo, cuando enlazara
con felice casamiento
la flor de lis de Borbón

de Felipe cuarto el pecho!

Teseo — Mira, Jasón, el peligro
en que estás.

Jasón — Ya, mi Teseo,
veo que el Rey se va airado
de mi ilustre vencimiento;
éste querrá consultar
las envidias de sus deudos,
y que, abrasando las naves,
a traición quedemos muertos.
La noche baja, ¡ay de mí!,
cubre de nublados negros,
Luna, tu luciente rostro;
y vos, diamantes eternos,
cubrid el azul engaste;
que me parece que siento,
si no me ha engañado el alma,
la ventura que deseo.

(Salen con sombreros y capotillos de camino Medea y Fenisa, y las damas que puedan acompañándolas.)

Medea — ¿Es mi Jasón?

Jasón — Soy, señora
del alma, un esclavo vuestro.

Medea — ¿Dónde está la nave?

Jasón — Aprisa,

acosta el barco, Teseo.

Teseo La nave, con la creciente,
llega a la orilla.

Jasón Pues presto
subid, señora, en la nave,
antes que advierta Fineo
mi ventura y su desdicha.

Teseo Mucho, Fenisa, agradezco,
que vengáis con este gusto.

Fenisa ¿Cómo pudiera ser menos,
Teseo gallardo y noble,
si a ser vuestra esposa vengo?

(Descúbrase la nave con muchas velas y música; pongan en ella las damas, y al hacer las velas, salga Fineo con una lanza.)

Fineo ¡Aguardad, griegos infames;
aguardad, cobardes griegos;
y tú, que el alma me llevas,
aguarda, vil extranjero!
¿Tú eres noble? ¡Mientes, mientes
mil veces, pues, en desprecio
de los dioses, a tu huésped
eres traidor cuando menos!
Su hija llevas al Rey
por tantos regalos hechos,
que te pudiera haber dado
la muerte en profundo sueño.

¿Tú eres el hijo de Esón?
¿Tú te precias, hechicero,
de la sangre de Alejandro?
¿Dicen tan bajos concetos,
anales de Macedonia,
de aquel de la guerra espejo?
¡Vive Júpiter, infame,
que si no te ayuda el viento,
tengo de arrojarme al mar,
asirte de los cabellos
y traerte preso a Colcos!
Pero ¡ay de mí, que vas lejos!
Toma esta lanza en señal
de que en tierra y mar te reto
de traidor, y desafío
todos tus cobardes griegos.
¡Tened la nave, cielos! Mas ¡ay, cielos
que yo con mis suspiros le doy viento
Hermosa y cruel Medea,
nacida para portento
de las desdichas de Colcos,
¿quién cegó tu entendimiento?
¿Dónde caminas perdida,
dejando tu padre y deudos
en eterna confusión,
muerto a mí, que por ti muero?
¡Maldito seas, amor,
ingrato a buenos deseos,
que menguas con los servicios
y creces con los desprecios.
¿Cómo trazaste el engaño
con que este griego, tan presto
lleva el vellocino, y lleva

la luz de mis pensamientos?
¡Tened la nave, cielos! Mas ¡ay, cielos,
que yo con mis suspiros le doy viento!

(Salen Helenia y Frixo, el Rey y gente.)

Frixo — Por aquí dicen que va.

Rey — Sobrino mío, ¿qué es esto?

Fineo — Que a Medea y a Fenisa
llevan Jasón y Teseo.
No queda dama en tu casa:
lleva a Felismena, Celio,
a Lucinda, Liriodoro,
y a Felisarda, Androgeo;
a Diana lleva Ergasto,
y a Filida lleva Ardenio,
a Rosimunda, Alejandro,
y a Lisida, Doricleo.
Mira en el golfo la nave,
montos de espuma rompiendo,
porque las alas de amor
hacen a las velas viento.
Perdidos somos: aquí
tienes, señor, los que fueron
testigos desta desdicha.

Helenia — Engañado te han los celos,
que yo y mi hermano, señor,
ninguna cosa sabemos.

Rey — ¡Armas, vasallos, al arma!

Vamos por tierra tras ellos;
que bien sabemos adónde
tomarán sus naves puerto.
toca trompetas y caja,
formen escuadrones luego:
¡vamos contra Grecia, amigos!

Frixo

Señor, aunque el traje nuestro
es de villanos, advierte
que fue nuestro nacimiento
más alto que el de Jasón;
yo haré de mi propio ingenio
naves que a la Grecia pases,
porque retratadas tengo
las de Jasón pieza a pieza,
cuerda a cuerda, lienzo a lienzo.
Todo lo he visto y notado;
pero si pasas, te quiero
suplicar que de Atamante
me restaures en el reino,
que mi madrastra me usurpa
porque me dicen que es muerto.

Rey

Si tú las naves fabricas,
presto la venganza espero.

Fineo

Si con lo que intentas sales,
palabra te doy que luego
será mi mujer tu hermana.

Frixo La voluntad te agradezco.

(Aquí se descubra con música de chirimías y trompetas la nave, y por lo alto, abriéndose un cielo que baje en una nube, el dios del Amor con dos coronas de rosas, y puesto encima de la gavia del árbol mayor, diga así:)

Heroico griego, Jasón,
por cuyo valiente esfuerzo,
con aplauso de los dioses
en los balcones del cielo,
y con envidia y disculpa
de los hombres semideos,
se ha dado glorioso fin
a tan alto vencimiento;
y tú, divina Medea,
a quien mis flechas hicieron,
para su favor, lugar
en el desdén de su pecho:
amor os corona, y quiere
mi madre, la hermosa Venus,
que por amantes dichosos
tengáis lugar en su templo;
y asistir a vuestras bodas
con Lucina e Himeneo,
para daros sucesión
que dure siglos eternos.

Jasón Gracias te doy, dulce Amor.

Medea Y yo, dulce Amor, te ofrezco
un alma siempre rendida.

Amor Con esto, Jasón, me vuelvo
al tercer cielo, en que vivo.

Jasón Hagan las velas, Teseo,
para que con dulce fin
a Grecia nos lleve el viento.

(Dando vuelta a la nave se dé fin a la comedia.)

Libros a la carta

A la carta es un servicio especializado para
empresas,
librerías,
bibliotecas,
editoriales
y centros de enseñanza;

y permite confeccionar libros que, por su formato y concepción, sirven a los propósitos más específicos de estas instituciones.

Las empresas nos encargan ediciones personalizadas para marketing editorial o para regalos institucionales. Y los interesados solicitan, a título personal, ediciones antiguas, o no disponibles en el mercado; y las acompañan con notas y comentarios críticos.

Las ediciones tienen como apoyo un libro de estilo con todo tipo de referencias sobre los criterios de tratamiento tipográfico aplicados a nuestros libros que puede ser consultado en Linkgua-ediciones.com.

Linkgua edita por encargo diferentes versiones de una misma obra con distintos tratamientos ortotipográficos (actualizaciones de carácter divulgativo de un clásico, o versiones estrictamente fieles a la edición original de referencia).

Este servicio de ediciones a la carta le permitirá, si usted se dedica a la enseñanza, tener una forma de hacer pública su interpretación de un texto y, sobre una versión digitalizada «base», usted podrá introducir interpretaciones del texto fuente. Es un tópico que los profesores denuncien en clase los desmanes de una edición, o vayan comentando errores de interpretación de un texto y esta es una solución útil a esa necesidad del mundo académico.

Asimismo publicamos de manera sistemática, en un mismo catálogo, tesis doctorales y actas de congresos académicos, que son distribuidas a través de nuestra Web.

El servicio de «libros a la carta» funciona de dos formas.

1. Tenemos un fondo de libros digitalizados que usted puede personalizar en tiradas de al menos cinco ejemplares. Estas personalizaciones pueden ser de todo tipo: añadir notas de clase para uso de un grupo de estudiantes, introducir logos corporativos para uso con fines de marketing empresarial, etc. etc.

2. Buscamos libros descatalogados de otras editoriales y los reeditamos en tiradas cortas a petición de un cliente.

Printed in Poland
by Amazon Fulfillment
Poland Sp. z o.o., Wrocław
18 June 2026

e8563f2a-4a5f-4f22-a68b-f09faa28817fR01